50 Recetas para Amantes de la Carne

Por: Kelly Johnson

Table of Contents

- Bistec a la parrilla
- Costillas de cerdo BBQ
- Albóndigas caseras
- Asado de tira
- Estofado de ternera
- Filete de res al ajo
- Pollo rostizado
- Hamburguesa clásica
- Lomo de cerdo glaseado
- Carne guisada con verduras
- Chuletas de cerdo a la plancha
- Brochetas mixtas de carne
- Ragú de carne
- Carne al horno con hierbas
- Milanesa de ternera
- Tacos de carne asada
- Guiso de cordero

- Costillas de res al horno
- Pechuga de pollo marinada
- Filete mignon con salsa
- Carne mechada
- Hamburguesas de cordero
- Pollo al curry con carne
- Roast beef tradicional
- Carne en salsa de vino tinto
- Albóndigas en salsa BBQ
- Bistec encebollado
- Lomo saltado
- Carne al pastor
- Churrasco con chimichurri
- Pollo a la parrilla con especias
- Estofado de cerdo con verduras
- Brochetas de carne con verduras
- Tiras de carne a la barbacoa
- Carne en salsa de tomate
- Milanesa de pollo

- Guiso de carne con papas
- Costillas de cerdo glaseadas
- Carne asada con limón
- Filete de res a la pimienta
- Pollo frito crujiente
- Hamburguesa con queso y tocino
- Carne al horno con mostaza
- Tacos de carnitas
- Estofado de pollo con verduras
- Costillas BBQ ahumadas
- Lomo de cerdo relleno
- Carne guisada con champiñones
- Pechuga de pavo asada
- Carne a la parrilla con salsa barbacoa

Bistec a la parrilla

Ingredientes:

- 2 bistecs (de res)
- Sal y pimienta al gusto
- Aceite de oliva

Instrucciones:

1. Sazona los bistecs con sal y pimienta.
2. Unta un poco de aceite de oliva en la parrilla caliente.
3. Cocina los bistecs a la parrilla 4-6 minutos por lado, según el punto deseado.
4. Deja reposar unos minutos antes de servir.

Costillas de cerdo BBQ

Ingredientes:

- 1 kg de costillas de cerdo
- Salsa BBQ al gusto
- Sal y pimienta

Instrucciones:

1. Sazona las costillas con sal y pimienta.
2. Cocina a la parrilla o al horno a fuego medio-bajo durante 1.5-2 horas, cubiertas con papel aluminio.
3. Durante los últimos 20 minutos, pincela con salsa BBQ y deja caramelizar.

Albóndigas caseras

Ingredientes:

- 500 g de carne molida (res o mezcla)
- 1 huevo
- 1/2 taza de pan rallado
- 1 diente de ajo picado
- Sal y pimienta
- Perejil picado

Instrucciones:

1. Mezcla todos los ingredientes y forma albóndigas.
2. Fríelas en sartén con un poco de aceite o hornea a 180°C por 20 minutos.
3. Sirve con salsa de tomate o a tu gusto.

Asado de tira

Ingredientes:

- 1 kg de asado de tira
- Sal y pimienta
- Ajo y cebolla en polvo
- Aceite

Instrucciones:

1. Sazona la carne con sal, pimienta, ajo y cebolla en polvo.
2. Cocina a la parrilla a fuego medio-alto, 6-8 minutos por lado.
3. Deja reposar antes de cortar y servir.

Estofado de ternera

Ingredientes:

- 1 kg de ternera para guisar
- 2 zanahorias
- 2 papas
- 1 cebolla
- 2 dientes de ajo
- Caldo de carne
- Sal y pimienta

Instrucciones:

1. Dora la carne en olla con aceite.
2. Añade verduras picadas, ajo y cebolla.
3. Cubre con caldo, cocina a fuego lento 1.5-2 horas hasta tierna.

Filete de res al ajo

Ingredientes:

- 2 filetes de res
- 3 dientes de ajo picados
- Aceite de oliva
- Sal y pimienta

Instrucciones:

1. Marinar filetes con ajo, aceite, sal y pimienta por 30 minutos.
2. Cocinar a la parrilla o sartén 3-5 minutos por lado.
3. Servir caliente.

Pollo rostizado

Ingredientes:

- 1 pollo entero
- Sal, pimienta, ajo en polvo, pimentón
- Aceite o mantequilla

Instrucciones:

1. Sazona el pollo con especias y aceite.
2. Hornea a 200°C por 1-1.5 horas hasta dorado y jugoso.

Hamburguesa clásica

Ingredientes:

- 500 g carne molida
- Sal y pimienta
- Pan de hamburguesa
- Lechuga, tomate, cebolla, queso (opcional)

Instrucciones:

1. Forma hamburguesas, sazona y cocina a la parrilla o sartén 4-5 minutos por lado.
2. Sirve en pan con toppings a tu gusto.

Lomo de cerdo glaseado

Ingredientes:

- 1 lomo de cerdo (1 kg)
- Salsa glaseada (miel, mostaza, salsa BBQ)
- Sal y pimienta

Instrucciones:

1. Sazona el lomo.
2. Hornea a 180°C por 1 hora, pintando con glaseado cada 15 minutos.
3. Deja reposar antes de cortar.

Carne guisada con verduras

Ingredientes:

- 500 g carne para guisar
- Papas, zanahorias, guisantes (al gusto)
- 1 cebolla
- Ajo
- Caldo de carne
- Sal y pimienta

Instrucciones:

1. Dora la carne, añade cebolla y ajo.
2. Agrega verduras y caldo, cocina a fuego lento 1-2 horas.
3. Ajusta sal y pimienta, sirve caliente.

Chuletas de cerdo a la plancha

Ingredientes:

- 4 chuletas de cerdo
- Sal y pimienta
- Aceite de oliva
- Ajo picado (opcional)

Instrucciones:

1. Sazona las chuletas con sal, pimienta y ajo si deseas.
2. Calienta una plancha o sartén con un poco de aceite.
3. Cocina las chuletas 4-5 minutos por cada lado hasta que estén doradas y cocidas.

Brochetas mixtas de carne

Ingredientes:

- Trozos de carne de res, cerdo y pollo
- Pimientos, cebolla, champiñones
- Sal, pimienta y especias al gusto
- Palitos para brochetas

Instrucciones:

1. Ensarta los trozos de carne y verduras alternando en los palitos.
2. Sazona con sal, pimienta y especias.
3. Cocina a la parrilla o sartén por 10-15 minutos, girando para que se cocinen uniformemente.

Ragú de carne

Ingredientes:

- 500 g carne molida (res o mezcla)
- 1 cebolla picada
- 2 dientes de ajo picados
- 400 g tomate triturado
- Aceite de oliva
- Sal, pimienta, orégano

Instrucciones:

1. Sofríe cebolla y ajo en aceite.
2. Añade la carne molida y cocina hasta dorar.
3. Incorpora tomate triturado y especias, cocina a fuego lento 30-40 minutos.

Carne al horno con hierbas

Ingredientes:

- 1 kg de carne para asar
- Romero, tomillo, orégano
- Ajo picado
- Sal, pimienta
- Aceite de oliva

Instrucciones:

1. Frota la carne con aceite, ajo y hierbas.
2. Sazona con sal y pimienta.
3. Hornea a 180°C por 1.5-2 horas hasta que esté tierna.

Milanesa de ternera

Ingredientes:

- 4 filetes de ternera
- 2 huevos
- Pan rallado
- Sal y pimienta
- Aceite para freír

Instrucciones:

1. Sazona los filetes.
2. Pasa los filetes por huevo batido y luego por pan rallado.
3. Fríe en aceite caliente hasta dorar ambos lados.

Tacos de carne asada

Ingredientes:

- 500 g carne de res en tiras
- Sal, pimienta, comino
- Tortillas de maíz
- Cebolla picada, cilantro y limón

Instrucciones:

1. Sazona la carne con especias.
2. Cocina a la parrilla o sartén hasta que esté lista.
3. Sirve en tortillas con cebolla, cilantro y un chorrito de limón.

Guiso de cordero

Ingredientes:

- 1 kg de cordero en trozos
- 2 cebollas
- 3 zanahorias
- 2 dientes de ajo
- Caldo de carne
- Sal y pimienta

Instrucciones:

1. Dora el cordero en olla con aceite.
2. Añade cebollas, ajo y zanahorias.
3. Cubre con caldo y cocina a fuego lento 2 horas.

Costillas de res al horno

Ingredientes:

- 1 kg costillas de res
- Sal, pimienta, ajo en polvo
- Salsa BBQ (opcional)

Instrucciones:

1. Sazona las costillas.
2. Hornea a 160°C cubiertas con papel aluminio por 3 horas.
3. Durante últimos 30 minutos, pincela con salsa BBQ y hornea sin papel para caramelizar.

Pechuga de pollo marinada

Ingredientes:

- 2 pechugas de pollo
- Jugo de limón
- Ajo picado
- Aceite de oliva
- Sal, pimienta y hierbas al gusto

Instrucciones:

1. Marina las pechugas con limón, ajo, aceite y especias por al menos 1 hora.
2. Cocina a la parrilla o sartén hasta que estén doradas y bien cocidas.

Filete Mignon con salsa

Ingredientes:

- 2 filetes mignon
- Sal y pimienta
- Mantequilla
- 1/2 taza de vino tinto o caldo
- 1 diente de ajo
- Perejil picado

Instrucciones:

1. Sazona los filetes con sal y pimienta.
2. Cocina en sartén con mantequilla 3-4 minutos por lado para término medio.
3. Retira los filetes y en la misma sartén añade ajo picado y vino para desglasar.
4. Cocina la salsa hasta reducir un poco, sirve sobre los filetes y espolvorea perejil.

Carne mechada

Ingredientes:

- 1 kg de carne para desmechar (falda o similar)
- 1 cebolla
- 2 dientes de ajo
- 1 pimiento rojo
- Sal y pimienta
- Aceite
- Caldo de carne

Instrucciones:

1. Cocina la carne en olla con caldo hasta que esté tierna (2 horas aprox).
2. Desmecha la carne con dos tenedores.
3. Sofríe cebolla, ajo y pimiento, añade la carne desmechada y mezcla bien.
4. Cocina unos minutos más, ajusta sal y pimienta.

Hamburguesas de cordero

Ingredientes:

- 500 g carne molida de cordero
- 1 cebolla pequeña picada
- 2 dientes de ajo picados
- Sal, pimienta y comino al gusto
- Aceite para cocinar

Instrucciones:

1. Mezcla todos los ingredientes y forma hamburguesas.
2. Cocina en sartén o parrilla 4-5 minutos por lado hasta que estén cocidas.

Pollo al curry con carne

Ingredientes:

- 300 g pechuga de pollo en trozos
- 300 g carne de res en trozos
- 1 cebolla
- 2 dientes de ajo
- Pasta o polvo de curry
- Leche de coco (opcional)
- Sal y pimienta

Instrucciones:

1. Sofríe cebolla y ajo, añade el pollo y la carne para dorar.
2. Incorpora curry y mezcla bien.
3. Agrega leche de coco o caldo y cocina a fuego lento 30 minutos.
4. Ajusta sal y pimienta.

Roast beef tradicional

Ingredientes:

- 1 kg de carne para asar (lomo o similar)
- Sal y pimienta
- Ajo en polvo
- Aceite

Instrucciones:

1. Sazona la carne con sal, pimienta y ajo.
2. Dora la carne en sartén con aceite por todos lados.
3. Hornea a 180°C durante 1 hora o hasta punto deseado.
4. Deja reposar antes de cortar.

Carne en salsa de vino tinto

Ingredientes:

- 500 g carne para guisar
- 1 cebolla
- 2 dientes de ajo
- 1 taza de vino tinto
- Caldo de carne
- Sal y pimienta

Instrucciones:

1. Dora la carne, retira y sofríe cebolla y ajo.
2. Añade vino y deja reducir.
3. Regresa la carne a la olla, añade caldo y cocina a fuego lento 1-2 horas.

Albóndigas en salsa BBQ

Ingredientes:

- Albóndigas (caseras o compradas)
- Salsa BBQ al gusto

Instrucciones:

1. Cocina las albóndigas en sartén o horno.
2. Calienta la salsa BBQ y mezcla con las albóndigas.
3. Cocina todo junto 10 minutos y sirve caliente.

Bistec encebollado

Ingredientes:

- 2 bistecs
- 2 cebollas grandes en rodajas
- Aceite
- Sal y pimienta

Instrucciones:

1. Sazona y cocina los bistecs a la plancha.
2. En la misma sartén, sofríe las cebollas hasta caramelizar.
3. Sirve el bistec cubierto con las cebollas.

Lomo saltado

Ingredientes:

- 500 g lomo de res en tiras
- 1 cebolla roja en plumas
- 1 tomate en trozos
- 2 dientes de ajo
- Salsa de soja
- Cilantro
- Aceite

Instrucciones:

1. Saltea el ajo y la carne en aceite a fuego alto.
2. Añade cebolla y tomate, cocina rápido para que queden crocantes.
3. Agrega salsa de soja, mezcla y cocina un minuto más.
4. Sirve con arroz y espolvorea cilantro.

Carne al pastor

Ingredientes:

- 1 kg de carne de cerdo en filetes finos
- 3 chiles guajillos hidratados
- 2 dientes de ajo
- 1/4 de cebolla
- 1/2 taza de jugo de piña
- 2 cucharadas de vinagre
- 1 cucharadita de orégano
- Sal y pimienta

Instrucciones:

1. Licúa los chiles, ajo, cebolla, jugo de piña, vinagre, orégano, sal y pimienta.
2. Marina la carne con esta mezcla al menos 4 horas o toda la noche.
3. Cocina la carne a la parrilla o sartén hasta que esté bien dorada.

Churrasco con chimichurri

Ingredientes:

- 500 g de churrasco (bistec de falda)
- Sal y pimienta

Para el chimichurri:

- 1 taza de perejil picado
- 4 dientes de ajo picados
- 1/2 taza de aceite de oliva
- 1/4 taza de vinagre de vino tinto
- 1 cucharadita de ají molido
- Sal al gusto

Instrucciones:

1. Sazona el churrasco con sal y pimienta y cocina a la parrilla o sartén.
2. Mezcla los ingredientes del chimichurri.
3. Sirve la carne con el chimichurri encima.

Pollo a la parrilla con especias

Ingredientes:

- 4 pechugas o muslos de pollo
- 1 cucharada de pimentón
- 1 cucharadita de comino
- 1 cucharadita de ajo en polvo
- Sal y pimienta
- Aceite de oliva

Instrucciones:

1. Mezcla las especias con aceite y un poco de sal.
2. Marina el pollo por 1 hora.
3. Cocina a la parrilla hasta que esté bien cocido.

Estofado de cerdo con verduras

Ingredientes:

- 500 g de carne de cerdo en trozos
- 1 cebolla
- 2 zanahorias
- 2 papas
- 2 dientes de ajo
- Caldo de carne
- Sal y pimienta

Instrucciones:

1. Dora el cerdo en una olla con aceite.
2. Añade cebolla, ajo, zanahorias y papas.
3. Cubre con caldo y cocina a fuego lento por 1 hora o hasta que la carne esté tierna.

Brochetas de carne con verduras

Ingredientes:

- Trozos de carne de res o cerdo
- Pimientos, cebolla, champiñones
- Sal, pimienta y especias
- Palitos para brochetas

Instrucciones:

1. Ensarta la carne y verduras alternando en los palitos.
2. Sazona y cocina a la parrilla hasta que estén dorados.

Tiras de carne a la barbacoa

Ingredientes:

- 500 g de carne en tiras
- Salsa BBQ
- Sal y pimienta

Instrucciones:

1. Sazona la carne y cocínala en sartén o parrilla.
2. Añade salsa BBQ y cocina unos minutos más hasta que se impregne bien la salsa.

Carne en salsa de tomate

Ingredientes:

- 500 g de carne en trozos
- 1 cebolla
- 2 dientes de ajo
- 400 g de tomate triturado
- Sal y pimienta
- Aceite

Instrucciones:

1. Dora la carne en aceite.
2. Añade cebolla y ajo picados y sofríe.
3. Agrega el tomate triturado, sal y pimienta.
4. Cocina a fuego lento 45 minutos hasta que la carne esté tierna.

Milanesa de pollo

Ingredientes:

- 4 pechugas de pollo finas
- 2 huevos
- Pan rallado
- Sal y pimienta
- Aceite para freír

Instrucciones:

1. Sazona las pechugas.
2. Pásalas por huevo batido y luego por pan rallado.
3. Fríelas en aceite caliente hasta que estén doradas.

Guiso de carne con papas

Ingredientes:

- 500 g carne de res en trozos
- 2 papas medianas peladas y cortadas
- 1 cebolla
- 2 dientes de ajo
- Caldo de carne
- Sal y pimienta

Instrucciones:

1. Dora la carne en una olla.
2. Añade cebolla y ajo picados, sofríe.
3. Incorpora las papas y cubre con caldo.
4. Cocina a fuego lento 1 hora o hasta que todo esté tierno.

Costillas de cerdo glaseadas

Ingredientes:

- 1 kg de costillas de cerdo
- 1/2 taza de miel
- 1/4 taza de salsa de soja
- 2 cucharadas de mostaza
- 2 dientes de ajo picados
- Sal y pimienta al gusto

Instrucciones:

1. Mezcla la miel, salsa de soja, mostaza y ajo.
2. Sazona las costillas con sal y pimienta, y úntalas con el glaseado.
3. Hornea a 180 °C durante 1.5 horas, barnizando con más glaseado cada 30 minutos.

Carne asada con limón

Ingredientes:

- 500 g de carne de res (falda o lomo)
- Jugo de 2 limones
- 2 dientes de ajo
- 1 cucharadita de orégano
- Sal y pimienta

Instrucciones:

1. Marina la carne con el jugo de limón, ajo picado, orégano, sal y pimienta por al menos 1 hora.
2. Asa la carne en sartén o parrilla hasta el punto deseado.

Filete de res a la pimienta

Ingredientes:

- 2 filetes de res
- 2 cucharaditas de pimienta negra en grano, machacada
- 2 cucharadas de mantequilla
- 1/4 taza de crema
- Sal al gusto

Instrucciones:

1. Presiona los granos de pimienta sobre los filetes y sazona con sal.
2. Cocina en sartén con mantequilla.
3. Añade la crema al final y cocina 1–2 minutos más.

Pollo frito crujiente

Ingredientes:

- 8 piezas de pollo
- 2 tazas de harina
- 2 huevos
- 1 taza de leche
- Sal, pimienta, paprika y ajo en polvo

Instrucciones:

1. Sazona la harina con especias.
2. Pasa el pollo por leche y huevo batido, luego por harina.
3. Fríe en aceite caliente hasta que esté dorado y cocido por dentro.

Hamburguesa con queso y tocino

Ingredientes:

- 2 hamburguesas de res
- 2 rebanadas de queso cheddar
- 4 tiras de tocino
- Pan para hamburguesa
- Lechuga, tomate, cebolla y salsas al gusto

Instrucciones:

1. Cocina las hamburguesas en sartén o parrilla.
2. Agrega el queso al final para que se derrita.
3. Fríe el tocino hasta que esté crujiente.
4. Arma las hamburguesas con los ingredientes al gusto.

Carne al horno con mostaza

Ingredientes:

- 1 kg de lomo de res o cerdo
- 2 cucharadas de mostaza Dijon
- 1 cucharada de miel
- 2 dientes de ajo
- Sal y pimienta

Instrucciones:

1. Mezcla mostaza, miel, ajo picado, sal y pimienta.
2. Unta la carne con esta mezcla.
3. Hornea a 180 °C durante 1 hora o hasta que esté al punto.

Tacos de carnitas

Ingredientes:

- 1 kg de carne de cerdo (espaldilla)
- 2 hojas de laurel
- 1 naranja (jugo)
- 1 cucharadita de comino
- Sal y pimienta
- Tortillas de maíz

Instrucciones:

1. Cocina el cerdo con las especias y jugo de naranja a fuego lento durante 2 horas o hasta que se deshaga.
2. Desmenuza y dora la carne.
3. Sirve en tortillas con cebolla, cilantro y salsa.

Estofado de pollo con verduras

Ingredientes:

- 500 g de pollo en trozos
- 2 zanahorias
- 2 papas
- 1 cebolla
- 1 tomate
- Caldo de pollo
- Sal, pimienta, laurel

Instrucciones:

1. Dora el pollo, luego añade cebolla, tomate y las verduras picadas.
2. Añade caldo hasta cubrir y cocina a fuego medio por 45 minutos.

Costillas BBQ ahumadas

Ingredientes:

- 1 kg de costillas de cerdo
- 1 taza de salsa BBQ
- 1 cucharada de azúcar morena
- Sal, pimienta, ajo en polvo
- Astillas de madera para ahumar (opcional)

Instrucciones:

1. Sazona las costillas y déjalas marinar con parte de la salsa BBQ.
2. Cocina a fuego bajo en ahumador o al horno con astillas de madera.
3. Barniza con salsa BBQ varias veces durante la cocción (2–3 horas).

Lomo de cerdo relleno

Ingredientes:

- 1 lomo de cerdo (aprox. 1 kg)
- 100 g de espinacas frescas
- 100 g de queso (mozzarella o queso crema)
- 50 g de nueces picadas (opcional)
- 2 dientes de ajo picados
- Sal, pimienta, aceite de oliva

Instrucciones:

1. Abre el lomo en forma de libro y sazona con sal, pimienta y ajo.
2. Rellena con las espinacas, queso y nueces. Enrolla y ata con hilo de cocina.
3. Dora el lomo en sartén y luego hornea a 180 °C por 45–60 minutos.

Carne guisada con champiñones

Ingredientes:

- 500 g de carne de res en trozos
- 200 g de champiñones en láminas
- 1 cebolla
- 2 dientes de ajo
- 1 taza de caldo de carne
- 1 cucharada de harina (opcional, para espesar)
- Sal, pimienta, laurel

Instrucciones:

1. Dora la carne en una olla, retira y reserva.
2. Sofríe la cebolla, el ajo y los champiñones.
3. Agrega la carne, el caldo, laurel, sal y pimienta.
4. Cocina a fuego lento durante 1.5 horas, hasta que la carne esté tierna.

Pechuga de pavo asada

Ingredientes:

- 1 pechuga de pavo (aprox. 800 g)
- 2 cucharadas de mantequilla derretida
- 2 dientes de ajo picados
- Jugo de 1 limón
- Hierbas secas (romero, tomillo)
- Sal y pimienta

Instrucciones:

1. Mezcla la mantequilla, ajo, jugo de limón y hierbas.
2. Unta la pechuga con esta mezcla, salpimienta.
3. Hornea a 180 °C por 1 hora, bañándola con su jugo cada 20 minutos.

Carne a la parrilla con salsa barbacoa

Ingredientes:

- 500 g de carne de res (lomo, entrecot, etc.)
- 1 taza de salsa barbacoa
- Sal y pimienta
- Aceite de oliva

Instrucciones:

1. Sazona la carne con sal, pimienta y un poco de aceite.
2. Asa en la parrilla al gusto.
3. En los últimos minutos, barniza con salsa barbacoa por ambos lados.
4. Sirve con más salsa al gusto.

www.ingramcontent.com/pod-product-compliance
Lightning Source LLC
LaVergne TN
LVHW081328060526
838201LV00055B/2525